LL 49
806
A

SUR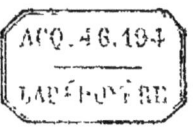

LA CRISE ACTUELLE.

LETTRE

A S. A. R. LE DUC D'ORLÉANS.

PAR CAUCHOIS-LEMAIRE.

PARIS,
CHEZ LES MARCHANDS DE NOUVEAUTÉS.

1828

SUR

LA CRISE ACTUELLE.

C'est à vous que j'en ai, Monseigneur. La presse, libre entre deux guichets, fustige ses geôliers, aux mains desquels est suspendu le bâillon, et engage la lutte que soutiendra, dit-on, la phalange législative; et moi, soldat consciencieux, au bout de douze années de service et de douze années de prévoyance, après avoir aussi décoché ma flèche constitutionnelle, je prétends viser un autre but. Assez long-temps j'ai eu affaire à ces champions du pouvoir, chefs et subalternes, pétris désormais d'un limon si étrange, que chez eux le trait enfonce et pénètre presque de part en part sans rencontrer ni cœur ni veine. Quels hommes, bon Dieu! que ces opiniâtres et serviles instrumens d'un fanatisme qu'ils ne partagent pas! Ils sont là, debout, impassibles, rangés en ligne pour masquer et protéger la milice jésuitique; et à voir le courage d'un genre tout nouveau avec lequel ils reçoivent, pour le compte d'autrui, une grêle de mépris personnels, de vérités outrageantes, on ne sait à quoi comparer ces remparts vivants de la cité ultramontaine. Vous qui avez fait la guerre, Monseigneur, aidez-moi, de grâce, à trouver une similitude. J'ai ouï parler de ces boucliers inventés contre le canon, de ces ouvrages en terre dont les flancs engloutissent la mitraille, et à l'abri desquels on se met parfois en sûreté ou en embuscade. C'est cela même. La troupe à couvert, ce sont les moines; nos gens ministériels sont les boucliers; la mitraille et le canon, c'est l'explosion de l'indignation publique. Allons, j'ai en dégoût ce combat prolongé contre des adversaires cuirassés de fange, et je veux m'en prendre à quelqu'un qui ait l'épiderme délicat et la fibre sensible.

Mais au moment où je vous étonne, Monseigneur, par cette brusque fantaisie et par mes figures guerrières, voici que la manœuvre change dans le camp opposé. Les machines administratives ont ouvert un passage à la milice qu'elles abritaient, et qu'on a reconnue à ses coups d'arquebuses. Ce ne sont plus ici métaphores. Les arquebuses modernes, autrement nommées carabines, sont de métal bien trempé, bien travaillé, et envoient du plomb de calibre dans la tête de quiconque ose dire en plein air que l'administration n'a pour elle que la force brutale. Je me trompe, on n'a pas même besoin de le dire; chacun est présumé le penser, et le coup va toujours à son adresse dès qu'il atteint le premier venu qui se rencontre là mal à propos ou à propos, parlant ou se taisant, à la fenêtre ou dans la rue, au milieu de la foule ou bien isolé. D'ailleurs l'essentiel est de faire un exemple : or mutiler ou tuer des citoyens paisibles, rien n'est plus exemplaire pour ceux qui ne seraient pas de tempérament pacifique. Quant aux braves cavaliers qui tirent juste et à bout portant, ils sont très-bien montés, aussi bien montés que l'était le célèbre escadron de Colmar. Ces cavaliers sont-ils ceux qui accompagnent les missions en véritables anges gardiens, qui apparaissent sous un aspect moins tutélaire, aux leçons un peu bruyantes des professeurs que ne choisit pas l'Académie, et surtout aux convois des hommes envers lesquels la patrie se montre reconnaissante ? Voilà ce que j'ignore; je sais seulement qu'à leurs sabres, à leurs mousquets et à leurs chevaux ont été adjoints les fusils de munition de l'infanterie, ainsi que cela eut lieu aux jours de la proposition Barthélemy, de sorte que la fête électorale de 1827 a été ensanglantée comme le fut le deuil de 1820.

A ce spectacle j'ai laissé là mon épître commencée; et une foule de souvenirs du Midi en 1815, de Grenoble et de Lyon en 1817, du Haut-Rhin en 1822, de Paris depuis les essais de Stévenot jusqu'aux chefs-d'œuvre de MM. Delavau et Franchet, une foule de faits et gestes de la police politique, crimes saints, dévotes évasions, fraudes pieuses, péchés mignons électoraux, financiers, judiciaires, se sont pressés dans mon esprit depuis le procès-verbal qui constate le suicide du maréchal Brune, jusqu'au procès-verbal qui constate l'innocence de Contrafatto, depuis les remerciemens adressés à la garde nationale du Gard, jusqu'au licenciement de la garde nationale de Paris, et sont venus se lier aux événemens des 19 et 20 novembre, et à la doctrine des rigueurs salutaires et des immolations : j'ai rapproché ces preuves historiques et ces doctrines avouées du caractère des hommes qui ont la puissance, de leurs habitudes beaucoup plus vindicatives qu'administratives, des moyens que leur donne l'autorité patente et l'organisation occulte, de leur longue expérience d'impunité, de leur intérêt à brouiller les cartes pour obtenir, par quelques jours d'anarchie concertée, la revanche de la partie légalement perdue; et de ce faisceau de précédens et d'inductions je voyais résulter la certitude morale que les torches populacières ne sont que la réplique du dépit et du machiavélisme aux illuminations nationales. Mais une enquête juridique se poursuit, et cette grande cause ne manquera ni d'avocats éloquens ni de magistrats éclairés et intègres. J'abandonne donc une plaidoirie dont tant d'autres s'acquitteront mieux que moi, pour revenir au procès qu'aucun procureur du roi ne songe à vous intenter, et j'y reviens armé de nos derniers troubles, comme d'un nouveau grief contre vous.

Avant tout cependant je dois prévenir les méprises auxquelles s'expose, près d'une Altesse, un correspondant plébéien et ignoré. Qu'elle ne redoute ici aucun écart de la presse. Il suffit que nous ne soyons plus au temps où un simple particulier ne pouvait, sans audace, adresser à un grand autre chose que des éloges ou des prières, pour que j'use avec réserve d'un droit dépourvu de péril. Qu'elle redoute bien moins encore un de ces abus dont le soupçon me fait rougir, et dont il faut pourtant qu'un inconnu se défende dans ce siècle spéculateur. Non, Monseigneur, il ne vous parviendra de la main qui signe cet écrit, ni placet sous une forme équivoque, ni dédicace adroitement calculée pour les chances de l'avenir. Le char de l'opulence non plus que celui de pouvoir ne me verront jamais à leur suite; et j'éprouve aujourd'hui le besoin de renouveler publiquement l'engagement pris avec moi-même de n'accepter aucune faveur qui ne découlerait pas d'une source populaire. C'est dans la double mesure d'une franchise patriotique sans aigreur et sans ambition que se renfermera cette épître; et, pour m'expliquer plus clairement par une supposition, si je vivais sous le règne du prince qui porta votre titre avant de porter le nom de Louis XII, et que ce fût à lui qu'allât cette feuille, le roi de France n'aurait à mon égard ni à pardonner les injures ni à récompenser les services reçus par le duc d'Orléans.

Il est une autre inquiétude contre laquelle cette missive est de nature à rassurer l'homme le plus prompt à s'alarmer, et dont je ne puis vous entretenir sérieusement. L'idée un peu folle m'en est venue en lisant une anecdote qui vous concerne et qu'un historien a recueillie. Walter Scott raconte que, dans un de ces jours d'émotion politique si fréquens depuis 1814, un billet anonyme exprimant plus d'intérêt qu'il ne vous convient d'en inspirer, fut glissé jusque sous la main de Votre Altesse, qui, pour toute réponse, se hâta de le remettre à l'autorité légitime. Votre prudence n'aurait point à prendre les mêmes précautions contre ma lettre, quand bien même elle ne passerait pas sous les yeux de l'autorité avant d'arriver sous les vôtres ; elle est écrite par un ami de l'ordre, de la conciliation générale, de la paix publique fondée sur des bases solides ; et si je trouble votre repos, Monseigneur, c'est dans l'espoir que vous nous aiderez à raffermir celui de la France.

Tout le monde est aujourd'hui d'humeur querelleuse ; et, seule, enveloppée d'une auréole d'azur et d'or, Votre Altesse sommeille au-dessus des orages. Sa quiétude m'ennuie, comme la vertu d'Aristide fatiguait ce paysan d'Athènes. A Dieu ne plaise pourtant que votre nom soit inscrit sur ma coquille dans un pareil dessein ! en ce jour d'élection je ne vote point votre exil, au contraire je vous rappelle au pays dont vous semblez vous bannir. — Moi ! direz-vous peut-être, et que puis-je ? Pair du royaume, je subis, la France le sait, un ostracisme qui m'interdit toute participation aux affaires publiques. — Voilà précisément, Monseigneur, le point en litige. Celui que l'on suspend de ses priviléges, est-il suspendu pour cela du droit commun ? La patrie est-elle circonscrite dans la Chambre haute ? L'inaction parlementaire condamne-t-elle tout l'homme à la léthargie politique ? et dès qu'on n'est plus Seigneurie, n'est-on plus rien ? Questions téméraires, s'écrieront quelques-uns ; inconvenantes ou tout au moins oiseuses, diront quelques autres. Questions naturelles et utiles sous un régime constitutionnel, leur répondrai-je. On aime à se rendre compte de tout, à connaître la valeur de chaque chose ; et comme ce n'est pas une petite chose que le titre, l'apanage et la position d'une Altesse royale, il est tout simple que chez une nation peu amie des sinécures on s'inquiète de ce qu'elle fait et de ce qu'elle pourrait faire.

Je m'exprimais ainsi dernièrement en présence d'une personne qui se constitua votre défenseur. Ce que fait Son Altesse? dit-elle ; tout ce que sa situation lui permet de faire. Est-il meilleur chef d'une nombreuse famille? Est-il père plus jaloux de donner à ses fils cette éducation libérale qu'offrent l'émulation et l'égalité du collège? Riche propriétaire, il administre ses domaines avec une économie qui profite à beaucoup d'employés, à son entourage domestique, à l'infortune. Ses constructions, ses travaux divers occupent des artistes, contribuent à nourrir la classe ouvrière, qui s'apercevrait moins de la cherté du pain si chaque héritier d'une grande fortune réparait ou embellissait sa demeure. Ainsi parla votre ami. J'approuvai fort le choix de l'école où sont élevés les enfans de Votre Altesse, car cela tournera certainement à leur avantage et peut-être au bien général. Je convins sans peine que l'achèvement de votre palais était une dépense bien entendue, et souhaitai même que l'architecte des Tuileries imitât la célérité du vôtre dans la construction de cette aile commencée sous l'empire, et qui donne au château l'aspect que présentait la ville de Didon après le départ d'Énée. Je m'empressai de rendre justice à l'économie administrative qui entretient votre heureuse maison et en accroît la prospérité. Mais enfin, ajoutai-je, ces éloges mérités éludent ma question et n'y répondent pas ; ils concernent la personne privée, qui n'est pas de ma compétence ; vous me dites ce que fait l'homme, et je vous demande : Que fait le prince ?

Il a fait, répliqua votre ami avec quelque chaleur, il a fait tout ce qu'il a pu faire. Il a défendu le sol de la patrie contre l'invasion étrangère, et contribué à donner à la France ce qu'on a long-temps appelé ses limites naturelles. Il a gagné ses chevrons à Valmy et à Jammapes ; et la colonne qu'il rallia sous le feu ennemi, et qui se composait de fuyards, transformés en héros par son exemple, est demeurée célèbre dans nos fastes militaires sous le nom de bataillon de Mons. Est-ce sa faute si, depuis sa rentrée en France, on n'a eu recours qu'une seule fois, et lorsqu'il était trop tard, à ses talens et à son courage ? Même alors, dans cette fâcheuse extrémité, dans cette conjoncture délicate, ne sut-il pas conquérir l'estime et l'affection, et concilier ses devoirs envers le roi et ses devoirs envers la patrie ? Il annonce que, sous aucun prétexte, les troupes étrangères ne seront admises dans les places de son commandement ; il informe toute l'armée que, quelles que fussent les dissensions intérieures qui pourraient déchirer le pays, il concourrait de tout son pouvoir à la défense des places fortes contre les étrangers s'ils tentaient de s'en emparer ou de s'y introduire. Obligé de s'éloigner, Je pars, écrivait-il au duc de Trévis, je pars, mon cher maréchal, pour m'ensevelir dans la retraite et dans l'oubli. Je suis trop bon Français pour sacrifier les intérêts de la France, parce que de nouveaux malheurs me forcent à la quitter. Et il dégagea les généraux de tous les ordres transmis au nom du roi, s'en rapportant à leur patriotisme pour ce qu'ils croiraient être le plus convenable aux intérêts de la France.

Votre Plutarque, Monseigneur, était en trop beau chemin pour être interrompu. Je gardai donc le silence, et il continua ainsi : La conduite du prince fut conforme à ces dernières paroles. Au lieu d'aller à

Gand il se rendit en Angleterre; ce qui le dispensa de s'assoscier au système qui marqua l'époque de 1815, et de rentrer à la suite des vainqueurs. A son retour, voyant dans quelle route s'engageaient les ministres de la seconde restauration, et reconnaissant l'impossibilité où il était d'y mettre obstacle, il s'imposa un exil volontaire. Là, ayant appris que tous les princes étaient autorisés à prendre séance à la chambre des pairs, il s'empressa de se rendre à son poste. C'était le moment où l'on demandait l'épuration générale et le châtiment des grands coupables, suivant le langage de l'époque. Un projet d'adresse où ce double-vœu se manifestait avec véhémence donna lieu à un débat très-vif dans lequel le prince ne craignit point d'émettre une opinion contraire à celle que soutenaient le comte d'Artois et le duc de Berry. Après cet acte d'énergie il reprit, non pas volontairement, le chemin de l'Angleterre. Il y était encore lorsqu'une ordonnance autorisa de nouveau les princes à siéger dans la chambre haute, les princes, disait-elle, qui sont actuellement sur le territoire français. Le duc d'Orléans revint, et se disposait, depuis le 5 septembre 1816, à user du plus précieux droit de son rang; mais l'autorisation indispensable pour l'exercice de ce droit ne fut point renouvelée, et ne l'a jamais été. — Votre biographe, dont j'abrége le récit, entra alors dans quelques détails sur la séance où Votre Altesse combattit les fauteurs des cours prevôtales et de la fameuse amnistie, séance dont les journaux n'eurent pas la permission de parler, même pour citer les discours de vos adversaires. Il chercha ensuite à m'expliquer comment, avant et après ce jour, votre seule manière de protester était l'absence ou le silence.

Il me sembla, je l'avoue, que cette dernière protestation se prolongeait un peu, et qu'elle ne fatiguait pas plus les oreilles du vainqueur que la première n'avait offusqué ses regards. Le despotisme le plus ombrageux s'accommoderait d'une pareille opposition, et si tous les amis de la justice, et de la liberté l'entendaient ainsi, elle aurait du moins cet avantage que nous ne verrions ni ordonnance d'exil, ni loi de censure. Piqué par cette plaisanterie, le panégyriste de Votre Altesse repartit que le champ de bataille et l'arène législative ne renfermaient pas toutes vos preuves de dévouement; pendant la révolution, vous avez arraché des mains de la multitude un prêtre qu'elle allait massacrer; au péril de vos jours, vous avez sauvé un malheureux qui se noyait; des proscrits indigens ont, en 1816, éprouvé votre généreuse sympathie; plus d'un disgracié du ministère a rencontré auprès de vous protection et faveur. Tels sont les traits que me lançait, par petites phrases détachées et d'un air de triomphe, votre ami, qui s'arrêta un instant pour m'examiner, et reprit: Vous demandiez tout à l'heure ce que le prince avait su faire: il a su, ce que savent bien peu de princes, être homme, se suffire à lui-même, vivre chez l'étranger, non du pain de la compassion, mais du fruit de ses talens et de son industrie; il a su être citoyen dans son exil même, en se parant des couleurs sous lesquelles il avait combattu pour la France; il a su profiter, ce qui est également rare, des leçons du malheur; et quand vous le voudrez, je vous ferai lire une lettre qu'il écrivit, il y a plus de vingt ans, à un Anglais, et dans laquelle il professe la tolérance religieuse, un égal éloignement pour les excès de l'anarchie et pour les excès du despotisme, et adopte cette grande maxime politique que la résistance aux réformes se termine le plus souvent par des révolutions.

Le croirez-vous, Monseigneur, et cet aveu ne vous donnera-t-il pas une méchante idée de la tournure de mon esprit? ces actes dignes de louange, ne furent pour moi qu'un nouveau texte de blâme. Je trouvai d'abord que leur date était un peu ancienne, que les derniers chapitres de l'histoire étaient bien pâles après les premiers, et que la narration s'arrêtait ou languissait dans la plus belle saison de la vie du héros. Ce n'est pas tout : je prétendis que l'incapacité et la faiblesse avaient, à rendre un compte beaucoup moins sévère que le mérite et la valeur. J'accusai donc auprès de votre apologiste vos vertus même de demeurer stériles pour la patrie ; et plus il me vantait le trésor que la France avait recouvré; plus je me récriais contre l'avarice où la circonspection qui le laissaient enfouis. C'était revenir à la question des devoirs d'un prince dans une situation comme la vôtre ; et c'était y revenir après un récit bien propre à rendre exigeant. — Vous avez cru, dis-je à votre avocat, répondre en vous rejettant vers le passé; vous n'avez fait que l'opposer au présent. A peine une ou deux actions récentes viennent-elles s'encadrer sur le plan rapproché de ce tableau à perspective lointaine. Je pose donc ma question d'une manière nette et précise : Que fait aujourd'hui votre illustre client? depuis dix ans qu'il se retrouve sain et sauf de corps, d'esprit et de biens dans cette patrie dont la gloire et l'indépendance lui étaient si chères, que fait-il pour elle?

A cette demande catégorique, votre ami, baissant la voix, entama ce qu'on appelle le chapitre des considérations, qui ne vaut pas le chapitre historique. Un prince du sang... une altesse... vous concevez... l'étiquette... les bienséances.... et puis la malveillance aux aguets. Bref, ce fut un cours de diplomatie d'où il me fallut conclure qu'un prince qui voudrait faire mal, de concert avec les ministres, aurait ses coudées franches ; mais que s'il voulait bien faire tout seul, il se trouvait emmaillotté dans son rang. — Ainsi, lui dis-je, si avec de l'instruction, du patriotisme, de la fortune, on est tout bonnement monsieur tel, il n'y a pas de raison pour qu'on ne rende de signalés services à son pays, pour qu'on ne devienne une puissance dans l'opinion publique ; mais dès que l'on est un puissant seigneur, par privilége nominal, adieu la réalité... — Et au diable le titre seigneurial qui nous débaptise du nom de citoyen utile! s'écria un interlocuteur, survenu depuis quelque temps, homme un peu bourru de forme, excellent au fond, industriel de l'école Saint-Simon ; aussi ne tarda-t-il guère à rappeler les paroles du maître. Quel plaisant problème vous êtes-vous donné à résoudre ? continua-t-il. Il vous faut un individu dont la communauté retire un grand avantage, un producteur de services importans pour la chose publique, et vous allez chercher un prince! Cette solution n'est pas mathématiquement impossible ; mais c'est mettre à une loterie où il y a peu de numéros sortans. S'il vous fallait un prince, je pourrais presque vous répondre : Prenez au hasard. Mon défunt ami, qui se hâta de se débarrasser du sobriquet de grand d'Espagne, disait que les fonctions les plus faciles à remplir étaient celles de frère du roi, et qu'on trouverait partout en France des hommes bons pour cela. J'en dirai autant de l'état d'altesse sérénissime, dont la partie essentielle, autant que je puis voir, consiste, après une ample restitution grossie d'indemnités, d'immunités, de procès gagnés, et autres bagatelles de bon rapport, à dépenser noblement, comme on dit, ce noble revenu ; à recevoir, dans un beau palais, la ville et la cour, et à conserver, en cas d'accident, pour l'arbre généalogique de la maison royale, une tige toujours prête à remplacer les branches éteintes.

Cette boutade industrielle nous fit rire, et je pense qu'elle ne trouvera pas votre altesse d'une gravité plus imperturbable. A la réflexion cependant elle offrirait un côté plausible, si en effet la charge de prince n'était pas possédée à titre onéreux, s'il n'avait pas à payer à la nation une dette proportionnée au magnifique capital dont sa prérogative le met en possession. Mais si, tout au contraire, les princes et les grands, suivant le mot de Massillon, ne semblent nés que pour les autres, alors leurs fonctions deviennent aussi utiles, aussi productives que difficiles à exercer. Passe encore, répliqua l'élève de Saint-Simon, pour des princes en activité de service; mais quand ils sont à la retraite ou en expectative indéfinie, quel emploi leur assignerez-vous qui vaille les émolumens? Je suis persuadé, répondis-je, que dans une monarchie constitutionnelle un prince, comme un autre, doit et peut acquitter son tribut national; il le peut surtout au milieu de la nation française et dans les circonstances actuelles. Tout cela est vague, interrompit votre ami; la critique serait trop aisée si, après avoir blâmé en détail, elle se contentait de dire en général : Accomplissez votre devoir. Quel est-il ce devoir pour l'homme que sa naissance fait membre de la chambre haute, et auquel l'accès de cette chambre est fermé; pour l'homme qui a exercé sur le soldat l'influence du talent et du courage, et qui n'a dans l'armée aucun commandement? Par quel moyen, celui à qui nulle fonction publique n'est dévolue remplira-t-il ses fonctions de prince, comme les appelle votre Saint-Simon? Par l'exemple qu'il saura donner, répliquai-je; par l'exemple qui, venu d'en haut, est tout-puissant sur un peuple dont l'esprit et les mœurs offrent un mélange d'indépendance et d'imitation, de servage et d'enthousiasme pour la liberté.—Ah! dit en riant l'industriel, voilà un texte de sermon pour un *Petit Carême* nouveau : *Des exemples des Grands*; ces exemples-là ne sont guère profitables aux petits. Votre ami qui suivait son idée observa que Massillon parlait du moins des princes qui gouvernent, qui ont l'autorité. On la prend, lui répartis-je, quand on est si bien placé pour cela; j'entends l'autorité d'opinion, d'influence; l'autorité sans budget et sans gendarmes. Vous qui êtes si hardi en conseils, je voudrais bien vous voir à l'œuvre, s'écria votre champion, passant ainsi, par une tactique connue, de la défensive à l'attaque personnelle, je voudrais vous y voir, ou plutôt il faut qu'on vous y voie en effet, et que le critique devienne artiste. — Comment! — Oui, vous reprochez au prince de s'éclipser dans la vie bourgeoise, que le bourgeois monte au rang de prince, et brille sur ce théâtre. Nous, mes amis, dit-il à quelques personnes présentes, prenons place au parterre pour considérer son altesse en action. — Mon altesse improvisée, répondis-je, serait fort gauche : est-ce là ce que vous voulez faire entendre? Je ne m'en défends pas ; elle serait fort incapable, je l'avoue encore ; mais que prouvent ici l'embarras et l'incapacité de ma bourgeoisie sérénissime? — Ils prouvent que vous avez tort, et qu'au fond vous le sentez. — C'est comme si vous prétendiez conclure qu'un prince ne peut être heureux, parce que dans un pareil rang, avec mes idées, mes goûts et mes habitudes, moi je serais très-malheureux, et qu'il abdiquerait, parce que la nécessité de payer de ma personne, de me donner en spectacle au gré de tous les fâcheux, empressés, intéressés, curieux, oisifs, flatteurs, amis ou ennemis, me paraîtrait un tel supplice que j'aimerais mille fois mieux redevenir Gros-Jean. — Et en remontrer au curé. — Plaisanterie n'est pas raison. — Je prends au mot le donneur d'avis ; je le mets à mieux faire ; je lui dis : Agissez ; la conséquence est très-sérieuse ; car si vous reculez devant l'hypothèse, que serait-ce en réalité? — Aussi n'est-il pas question de moi, chétif, mais de ce que pourrait, de ce que devrait faire un autre. — Eh bien! soyez cet autre ; j'ai résolu de vous pousser et d'avoir ainsi votre aveu ; soyez cet autre un quart d'heure. On dit bien : si j'étais roi! dites-vous : si j'étais altesse.

Admirez mon impertinence, Monseigneur : j'accepte le défi, la métamorphose s'opère, ma roture disparaît sous l'ancien manteau ducal, et je deviens Votre Altesse; car il est bien entendu que c'est à vous que j'emprunte l'étoffe, me bornant à quelques broderies de ma façon. Le sang des rois coule dans mes veines, du moins on se le figure, et je me le persuade, c'est tout un ; je fus le duc de Chartres, et je suis le duc d'Orléans. Cette affaire arrangée, je passe la main sur mon front, me recueille, souris avec un air de dignité, et reprenant le fil des événemens, à partir de 1814, j'achève, à peu près en ces termes, mes mémoires particuliers.

Arrêtez, profane ! me crie un de ces serviteurs de prince, qui prennent à la lettre sans doute leur maître pour une image de la divinité. — Mais, comme je n'ai pas plus de superstition politique que de superstition religieuse, je passe outre. Arrêtez, mon ami, me dit à l'oreille un gentilhomme de récente origine, connaissez-vous les usages, l'étiquette, le vocabulaire même de la cour et des hautes régions qui l'avoisinent ? — Ce qui m'en est revenu, de loin, m'a laissé une impression de fadeur et de niaiserie que je me garderai bien de renvoyer à mon correspondant. Il est homme d'esprit, et me saura gré de ne pas contrefaire cette humble emphase dont il doit être fatigué. Il a vécu dans des conditions assez diverses pour reconnaître sous une enveloppe agreste, une dignité qui manque souvent au vernis du grand monde; et surtout il aimera mieux, je le suppose, de nobles sentiment exprimés en propos familiers, que des sentimens contraires masqués d'un noble jargon. Sans donc m'inquiéter davantage des délicatesses de la phraséologie ancienne ou moderne, moi, pauvre sauvage, devenu altesse, je reprends la plume, et jette sur ce papier quelques notes de ma biographie.

Après un long exil qui m'a laissé peu d'amertume

parce qu'il n'a pas été sans compensation et sans honneur, me voici de retour en France, dans cette France que j'ai servie avec quelque gloire, que j'ai aimée, admirée lorsque je ne pouvais plus la servir ; je la revois avec la joie d'un fils qui ne se sent pas indigne d'elle ; qui n'a point confondu les bienfaits de la liberté avec les excès d'une révolution provoquée elle-même par tant et de si longs excès ; et j'y retrouve, sans dépit, dans mon âge mûr, les changemens heureux auxquels ma jeunesse a concouru. Le nom de Henri IV fait fortune : une part de l'héritage me revient ; mais je n'affecte point de parler de mon illustre et populaire aïeul ; je tâche qu'on en parle pour moi. A la suite de longs voyages et de pénibles déménagemens, on aime à se caser, tout prince que l'on est, et à se mettre dans ses meubles. La fin de 1814 se passe à cela, et aussi à faire connaissance avec les gens du pays. Au commencement de 1815, mon logis étant commode, spacieux, élégant, digne de moi enfin, mes propriétés arrondies et mes terres en culture, je quitte le coin du feu, malgré la saison, je mets la tête à la fenêtre pour voir d'où vient le vent, et je m'aperçois que l'horizon se rembrunit et se couvre de nuages. Songeant tout de suite au parapluie qu'on a déployé si tard, j'en dis franchement deux mots à messieurs les ministres, qui me répondent, en termes polis, que cela ne me regarde pas. Je réplique : Vous êtes dans l'erreur ; cela me regarde fort, et plus que Vos Excellences, attendu que, dans ces sortes d'orages on voit maint ministres revenir sur l'eau, et même tenir de rechef le gouvernail de la barque pour le compte d'un nouveau patron, tandis que toute la famille de l'ancien est enveloppée dans le naufrage. De ces mauvais serviteurs je vais droit aux maîtres, mes augustes parens ; je sonne l'alarme en bon cousin, les suppliant de conjurer la tempête ; avec mes conseils j'offre mes services. Si, trop préoccupés par des craintes chimériques pour reconnaître le danger véritable, ils refusent services et conseils, voyant que l'orage grossit, et qu'il n'y a pas de temps à perdre, j'essaie, en me sauvant, d'assurer leur salut, malgré eux, s'il le faut. Et par me sauver, je n'entends pas m'enfuir : au contraire. Que diable! me dis-je, moi qui, en 1792, à l'armée de Kellerman, défendis un moulin que l'ennemi voulait prendre à toute force, et le conservai au risque vingt fois d'être tué, ne puis-je hasarder quelque chose, voire même une disgrâce, pour garder ma bicoque du Palais-Royal et le manoir de ma famille ? Là-dessus, me moquant des caquets, autant les ministres commettent de sottises dans leur sphère, autant je fais d'œuvres sensées dans la mienne. J'augmente le nombre de mes amis, en tout bien, tout honneur. Je ne crains pas non plus de me susciter des ennemis; seulement j'ai soin que ces derniers soient parmi les fous, et les premiers parmi les sages. Aux émigrés, par exemple, courant après l'ombre de la France ancienne, je ne cache pas que la France nouvelle me paraît un morceau très-friand, et que, butin pour butin, s'il faut parler en amis du vainqueur, le plus sûr est en même temps le meilleur. S'il vous est agréable, mes chers compagnons d'exil, de rêver la monarchie paternelle en pays étranger, à la bonne heure, ne disputons pas des goûts. Pour moi, qui aime infiniment mieux jouir de la monarchie française en France, je suis d'avis de faire les frais du séjour plutôt que ceux du voyage. Ces propos tenus à haute voix se rapportent; tant mieux! Il y a des momens où les paroles valent des actions. Je parle donc aux pairs et aux députés, par forme de conversations familières, je leur conte naïvement comme quoi je regrette d'être privé du vote législatif; mais chacun est le maître de former des vœux; ajouté-je, et les miens sont pour une tribune indépendante. Ils me demandent alors des détails sur les coutumes parlementaires et sur les orateurs distingués de la Grande-Bretagne et des États-Unis : vieux voyageur, je me plais à narrer ce que j'ai vu ; et Londres et Washington nous ramènent, par plus d'un contraste, dans la bonne ville de Paris. Là, je n'ai pas de peine à reconnaître que la plaie de l'état la plus envenimée et celle dont la guérison presse le plus, a son siége dans la vieille armée. Je suis un ancien aussi. Aux généraux, aux officiers qui me rendent, à ce titre, une visite d'amitié : Je n'ai point d'ordres à vous donner, leur dis-je ; mais j'ai fait la première de nos belles campagnes, et nous pouvons jaser autour du feu. Vous êtes à la demi-solde, et moi à la retraite ; n'importe, si la patrie a besoin de notre tête et de nos bras, nous serons exacts à l'appel. Vous vous souviendrez alors de vingt ans de prospérité, et moi j'oublierai vingt années de malheurs. En attendant, n'ayons pas trop de mémoire, ni les uns, ni les autres ; rien ne gâte le présent et l'avenir comme le regret ou le ressentiment du passé. Au milieu de ces entretiens et de ces épanchemens survient le mois de Mars, et ceux qui m'écartaient de leurs conseils m'appellent à leur secours ; et loin de me savoir mauvais gré de ma conduite, ils y applaudissent et m'en remercient pour eux-mêmes. Je n'ai point la présomption de me mesurer avec le grand capitaine ; mais il s'agit d'une lutte qui n'a rien de militaire : qui sait ce que la confiance et l'ascendant obtenu par mon caractère et par quelques mois de notabilité nationale auraient pu empêcher ou prévenir ? Qui sait ce qu'il serait advenu dans ce conflit de tant d'intérêts, dans cette crise où tant d'inquiétudes se mêlaient à quelques espérances ? Le peuple dit : l'occasion fait le larron ; je dis, moi, l'occasion fait le héros. L'ineptie ministérielle imposa un autre rôle à tous les membres de notre infortunée famille.

J'interromps ici le roman, Monseigneur, pour me complaire dans quelques faits historiques. Une fois réduit à la triste nécessité qui brusqua le premier acte de la restauration, quoi de mieux que de ne point mêler l'étranger à cette querelle domestique, et même de le combattre s'il tentait d'envahir nos places fortes! Et quoi de mieux encore, lorsque le commandement vous échappe avec le sol Français, que de délier le soldat d'une fidélité qui aurait pu compromettre celle qu'il doit à sa patrie! On partage, en rappelant de pareils traits, l'émotion qu'éprouvèrent vos compagnons d'armes; et cette dernière pensée, donnée à l'indépendance du pays auxquels d'autres faisaient des adieux bien différens, empreint la solennité du départ d'un caractère noble et touchant qui ne doit pas être perdu pour le retour. Dans l'intervalle, s'abstenir de sanctionner par sa présence des projets contraires à de tels sentimens, c'est tout ce qu'un prince exilé pouvait faire. Après son rappel, élever la voix pour s'opposer aux vengeances, c'était remplir son devoir tout entier. La suite peut être jugée diversement, et pour reprendre mon rôle au moment où le vôtre cesse d'être actif, je doute que j'eusse laissé, par ma retraite, le champ libre aux passions. Je me serais occupé, je crois, beaucoup moins de la personne que sollicitaient les doux loisirs de famille, et un peu plus du prince qui, en France, était à son poste; et le moulin de Valmy me serait, une seconde fois, revenu en mémoire. D'autres souvenirs, d'autres rapprochemens auraient fortifié ma résolution : en Flandre, je restai sous les drapeaux de Dumouriez au lieu d'aller à Strasbourg où il n'y avait rien à faire. M'éloigner de Paris en ce moment, ce serait aller à Strasbourg. A Vendôme, j'exposai mes jours pour sauver deux victimes, l'une de la fureur des élémens, l'autre de la fureur des hommes. Voici de nouvelles fureurs, de nouvelles victimes : ne puis-je, en m'exposant un peu, tendre à mes compatriotes une main secourable ? Ne sais-je parler que lorsque j'ai voix délibérative ? Ne sais-je agir en homme, en brave, en patriote que par brevet ou par ordonnance ? En cas de péril imminent, de désastre, de grand service à rendre, soit que des brigands pillent et tuent, soit qu'il y ait incendie ou inondation, chacun prend son titre de la circonstance et reçoit mission de son courage : paysan, bourgeois, riche, pauvre, prince, sujet, s'arme de ses ressources personnelles et de celles que lui offre le hasard. Et quel désastre plus digne d'un dévouement semblable que celui de 1815 ? Quel risque couraient et la liberté publique et la monarchie ! Quel service à rendre au pays, au souverain que de hâter par mes efforts le retour de l'ordre, que de rallier par une intervention généreuse, adroite, ferme, prudente, active, par toutes les vertus qui attirent et maintiennent, les amis sincères du trône constitutionnel, amis impuisssans dans leur dispersion, et formidables contre l'anarchie, dès qu'ils trouvent un point d'appui et un centre commun ! L'histoire eût peut-être placé ce bataillon civil au-dessus du bataillon de Mons. Voilà les idées qui me seraient venues ; voilà du moins les doutes qui m'auraient agité en 1815, et j'imagine que je ne les aurais pas résolus par un troisième voyage en Angleterre.

Toutefois je conviens que la tourmente était terrible, la responsabilité immense, et qu'au milieu de tant de passions haineuses et jalouses, on pouvait hésiter à s'offrir comme pilote : et bien que ce soit dans ces occasions difficiles que se produisent les âmes fortes, je mets l'inaction du prince sur le compte des scrupules et de la modestie. Mais, à dater de 1817, les chances de succès et d'utilité se multiplient. Si j'avais tardé jusque-là, c'est alors, à coup sûr, que j'aurais jeté les fondemens de mon empire tutélaire. Dès ce moment, je deviens avec choix, avec mesure sans doute, le réparateur des injustices criantes, la providence des infortunes honorables, le génie inspirateur des belles entreprises dans les arts, les sciences, les lettres. Mon trésorier, il est vrai, m'avertit que le prince le plus opulent ne peut cicatriser toutes les plaies et récompenser tous les talens : aussi l'or n'est-il pas le seul baume et la seule faveur qu'on puisse répandre sur eux : quelques paroles d'intérêt, une recommandation, un mot d'éloge ont leur prix; mais mon épargne a plus de ressources qu'on ne pense. L'industrie d'abord y renouvelle, par ses nombreux canaux, l'abondance à mesure que la générosité la tarit ; l'exemple ensuite, plus productif encore, ouvre à l'infini les sources des fortunes particulières, et leur imprime le même cours vers ce Pactole patriotique, que leur mille ruisseaux rendent inépuisable. L'exemple! c'est là mon levier, c'est mon collecteur d'impôts, c'est ma puissance. Que de gens n'auraient pas songé à être utiles de leur superflu, et deviennent prodigues pour m'imiter! Que d'autres ne l'auraient pas osé, et obéissent à leur bon cœur sous mes auspices!

Eh! mais, un prince grand industriel et grand souscripteur! Pourquoi non? Il est bien grand propriétaire ; n'est-ce pas une industrie sous un autre nom? les rois eux-mêmes n'ont-ils pas souvent des capitaux dans le commerce? Que l'exploitation ait pour objet des terres, des maisons ou des manufactures sous le régime des baux, des loyers ou des directions, qu'importe à la dignité? la seule différence c'est que l'industrie qui couvre le sol de fabriques, occupe beaucoup plus de bras et d'intelligences, et qu'avec quelques millions on peut faire vivre des populations entières. Il serait singulier qu'il fût permis de jouer à la bourse par l'intermédiaire d'un agent de change, et défendu d'exploiter de vastes usines par un représentant quelconque; à moins qu'on ne m'impute à crime le nombre des familles qui prospéreraient sous mon patronage. Quant au titre de souscripteur acquis déjà au profit des Grecs et d'une foule de malheureux, que perd-il à s'étendre jusqu'aux infortunes politiques, et jusqu'au mérite indigent qui refuse de s'avilir?

Je vous vois sourire, Monseigneur, aux discours de votre Sosie, et j'entends murmurer la raison d'état. Remarquez, de grâce, que je suis obligé de dire en quelques lignes ce que je ferais en quelques années. Ici, je marche par enjambées; là, je cheminerais pas à pas. Il ne s'agit nullement de se jetter à la tête d'une cohue d'intrigans et de solliciteurs; mais d'apprécier, de discerner; de donner des yeux à l'aveugle fortune, et des leçons à l'ignoble faveur; de redresser les torts, non en don Quichotte, mais en juge éclairé et indépendant. Quels que soient les ménagemens de ma conduite et le bonheur de mes choix, un ministre me dit en face ou me fait dire à l'oreille que je me rends suspect: à cette dernière insinuation je ne réponds que par le mépris; à l'observation directe je réplique que prétendre qu'une conduite honorable m'expose aux soupçons est une injure qui va trop haut pour qu'on se la permette sans blasphême. J'ajoute, en réduisant l'avis à sa valeur administrative, que si je n'ai point accusé les intentions des ministres lors même qu'ils ont fait beaucoup de mal, ils doivent respecter les miennes lorsque je fais un peu de bien. Des amis plus ou moins sincères insistent, et me déroulent l'histoire des cours, et la morale des hommes d'état: autrefois, leur dis-je, je fus appelé à un commandement militaire qui n'offrait au zèle ni activité, ni péril; je le refusai pour accepter un poste utile et dangereux. Le duc d'Orléans ne fera pas moins que le duc de Chartres, quand même vos inquiétudes auraient quelque vraisemblance.

Tout le monde, depuis le premier ministre jusqu'au dernier commis de préfecture, depuis le banquier jusqu'au prolétaire, use, à sa manière, du droit de concourir au bien public ; et je n'aurais le nom de prince que pour y ajouter l'épithète de fainéant ; et de peur de je ne sais quoi, je m'ensevelirais tout vivant dans ma prérogative ; et mon altesse n'osera faire ce que fait sans crainte le moindre sujet de sa majesté! Cela dit en temps, lieux et termes opportuns, fort de mon rang, de ma popularité, de ma conscience, je poursuis avec sagesse, avec fermeté, mon utile carrière, advienne que pourra.

La porte de la chambre haute est toujours close pour moi, et je me garde bien d'en franchir le seuil ; mais je n'ai garde aussi de fermer la mienne aux pairs qui viennent me voir comme amis, les priant, si l'on veut, de ne point dépasser le nombre vingt. D'ailleurs, Français et pair, j'ai intérêt à me tenir au courant des affaires et des discussions sur lesquelles je puis être d'un moment à l'autre invité à donner mon opinion parlementaire. Si ce n'est moi, ce sera mon fils ; et sa jeunesse a besoin de mon expérience. Afin de n'être étranger sous aucun rapport et aux personnes et aux choses qui touchent de si près le pays, les miens et moi-même, j'accueille aussi les députés, magistrats, négocians, militaires, hommes distingués par leur caractère et leur mérite. Dans leur conversation instructive et variée, je ne me borne point à chercher un passe-temps agréable ; je puise des notions grâce auxquelles nul événement ne me trouvera au dépourvu. Avec quelle satisfaction, dans mes jours d'adversité, je reconnus que les études de mon adolescence m'offraient une ressource qui défiait la fortune! L'art de connaître et de conduire les hommes n'est pas un apprentissage moins nécessaire à celui que les circonstances peuvent appeler à de grandes fonctions officielles ; et devenir maître dans cet art est le devoir particulier d'une position qu'on peut considérer comme une candidature perpétuelle aux plus hautes places de l'état. Combien dut se féliciter de n'avoir pas négligé ce devoir essentiel, le duc d'Orléans, que des conjonctures inopinées portèrent tout à coup à la régence du royaume ! Et combien le peuple aurait-il eu à s'en féliciter à son tour, si le tuteur de Louis XV avait uni à la valeur, à la sagacité politique, à la culture de l'esprit et aux qualités du cœur qu'il possédait, ces autres vertus morales que l'exemple d'une cour corrompue et hypocrite avait effacées en lui ! Dieu détourne de moi une aussi triste mission de famille ! mais je puis en recevoir de moins fâcheuses ; et, je le répète, quand je n'aurais que celle d'élever mon fils, l'expérience de son père ne serait pas perdue, et l'on ne saurait blâmer ma sage prévoyance.

Voilà donc le terrain difficile sur lequel j'ai d'abord mis le pied en tâtonnant, dégagé de ces broussailles et de ces pierres d'achoppement auxquelles s'accroche et se heurte une politique routinière et pusillanime ; le voilà élargi, aplani, et m'offrant, au milieu d'une clientèle nombreuse et honorable, une place que j'occupe sans ostentation, car j'ai les goûts simples, mais non sans avantage pour l'éducation constitutionnelle du pays. Le but n'est pas atteint ; mais j'ai maintenant les moyens d'y parvenir. Pour cela, j'ai recours à une alliée dont le nom est bien frivole, et dont le pouvoir est immense. Qu'on demande au prince Talleyrand : il en sait des nouvelles. Il pourra nous dire qu'elle a contribué autant que les armées de l'Europe à renverser le colosse de l'époque ; il nous dira que sans cette auxiliaire, on ne fait rien en France : c'est la mode. Il faut du tact sans doute pour captiver ses bonnes grâces, et surtout pour placer le bon sens et le bon droit sous son égide futile ; ce serait même une tentative folle de la part d'un pauvre bourgeois; mais un prince opulent est si facilement habile! Quelques avances faites à propos, la pompe et l'agrément des fêtes, l'urbanité des manières, les séductions du rang ont bientôt fixé la divinité légère. Et quel temple pour cette patronne des Gaules que les vastes et magnifiques salons d'une altesse sérénissime, où se répand un flot d'adorateurs incertains de l'autel qui recevra leur encens, heureux et surpris de l'objet qu'on offre à leurs hommages! C'est tout plaisir pour le desservant du lieu. Rien ne l'empêche de rendre la probité de bon ton et le patriotisme de bonne compagnie. Le duc de la Rochefoucauld donna bien la vogue à cette vertu qui avait peu d'accès dans le grand monde sous le nom d'humanité, et qui fit fureur sous le nom de philanthropie. Chez lui, le malheur eut ses courtisans, et il arriva même un jour que l'indépendance nationale eut les siens. C'était à table, à un banquet splendide; on chanta l'hymne du départ des étrangers; et tous les convives, nobles et vilains, firent *chorus* au refrain de la sainte alliance des peuples. Je ne sais pas même s'ils ne se donnèrent pas la main. Qu'arriva-t-il? c'est que la chanson, puisque ainsi l'appelle son auteur, passa d'emblée de la table de l'illustre amphitryon dans les journaux, qui sans cela n'auraient osé la publier; et la fête de Liancourt fut celle de toute la France, sans que la police dît un mot. Tel est l'effet magique de l'exemple et l'empire de la mode. Sa baguette est aussi à mon usage, et combien je m'amuse, au milieu d'un cercle brillant tout à la fois d'élégance et de bonne renommée, à faire voir ce que j'entends par l'élite de la société! A tel personnage chamarré de cordons acquis par l'intrigue, je fais un salut glacial, et je tends la main à un homme d'honneur qui n'a pas un ruban. L'orateur vénal s'aperçoit qu'en l'écoutant j'ai de la pudeur pour lui; et mon front se déride à l'aspect de son adversaire qui n'a d'éloquence que par conviction. Je tourne le dos au magistrat prévaricateur, quel que soit son rang dans la hiérarchie judiciaire ; et l'agent de police, n'importe son titre ou son grade, qui a trahi ses concitoyens ou qui est teint de leur sang, est averti, par le murmure général que fait naître son nom prononcé, de s'épargner un affront encore plus direct. Ainsi, peu à peu, les taches que la coutume tolère, sont balayées de mes salons ; et vivre en citoyen honorable devient chez moi le savoir-vivre par excellence. Toutefois, je proportionne l'exemple au scandale, et je feins volontiers de ne pas reconnaître celui qui conserve les dehors et quelque réputation d'honnête homme. Que sait-on ? Il prendra peut-être goût à une chose dont l'apparence est si bien reçue ; il faut encourager de pareils retours. D'ailleurs je n'exerce point une magistrature. L'opinion publique est mon maître des cérémonie ; en revanche elle trouve dans mon palais un écho qui reporte sa voix moins sévère et plus insinuante à l'oreille de la foule imitatrice et courtisanesque. Celle-ci, par son caquetage même, seconde mes projets d'utilité publique, et propage mon plan de réforme. Ah ! dit-elle, le prince reçoit cet homme avec distinction, cet autre avec froideur ; il a manifesté tel sentiment ; on a fait chez lui, tout haut, l'éloge de tel ouvrage. Avez-vous remarqué son entourage favori ? Croiriez-vous que son excellence *** n'a reçu du prince que les plus strictes politesses ? Avez-vous vu l'air embarrassé de son éminence ***, lorsqu'on a cité ce paragraphe du comte de Montlosier sur le parti prêtre ? Un membre du conseil de censure s'est avisé de paraître, il s'est fait subitement un silence si profond, qu'on aurait dit que son aspect supprimait la parole, comme ses ciseaux suppriment les écrits. Un jeune homme s'est mis un doigt sur la bouche en le regardant, et le silence a été rompu par un éclat de rire. A l'une des dernières soirées, un électeur de département a rencontré son préfet, avec lequel il est au plus mal, parce qu'il vote selon sa conscience. Il y avait bal. L'électeur invite la femme du préfet, et danse avec elle. Justement le prince vient complimenter le cavalier de la dame. Le procureur du roi de la ville de *** entre au moment où on lisait à demi-voix un pamphlet de Paul-Louis Courier; il s'approche, et la lecture n'est pas interrompue. L'hiver a commencé d'une manière charmante. On est si las de ces tableaux de mœurs tracés sous les yeux de la police! Le prince nous a régalés de proverbes dramatiques, et même de soirées de Neuilly. On a joué aussi une grande comédie que Casimir Delavigne a composée pour le théâtre quand il sera libre. Vous n'imaginez pas l'affluence des spectateurs et le charme de ces représentations. Nous faisons des recrues jusque dans les antichambres ministérielles. Un de ces individus dont la complexion a une tendance irrésistible à se courber, nous est arrivé depuis peu. Il est enchanté : son oreille est agréablement occupée, tandis que son front a tout le loisir de s'incliner devant une altesse. Monseigneur s'est tourné vers ce serviteur très-humble, qui en a tressailli d'orgueil et d'aise, et s'est alors presque prosterné. « Monsieur le baron, lui a dit le prince, souriant avec malice, vous voyez que mon club prétendu est d'assez bon goût, et que si l'on y fait de la politique, du moins on n'en parle guère. Vous ne retrouverez peut-être pas ici toute la rigueur de l'ancienne étiquette ; mais les bienséances qui la remplacent sont de meilleur aloi, et beaucoup moins ennuyeuses. » Un autre transfuge s'est présenté. Celui-ci croit que ce serait mourir que de vivre hors de l'atmosphère du luxe et des grandeurs. « Ma foi, s'est-il écrié, je déserte les grands et les petits appartemens ministériels; on y achète l'éclat trop cher, et je suis à bout de mes complaisances. Ici on peut briller *gratis* pour sa conscience et pour son caractère. C'est une mauvaise école politique, m'a dit son excellence. Je ne sais ; mais le local est admirablement beau, les femmes ont des parures exquises ; je rencontre à chaque pas les personnes les plus distinguées : c'est un enseignement mutuel du meilleur genre. J'aperçois les apprêts d'un concert délicieux. » En effet, les premiers artistes de la capitale étaient réunis, et ils exécutèrent plusieurs morceaux italiens, qui furent agréablement coupés par deux chansons nouvelles de Béranger, l'une pleine de sel et de délicatesse, l'autre pleine de verve et de nobles inspirations. Ainsi babille la renommée dont les bulletins vont jusqu'au fond des provinces réveiller l'apathie, encourager la faiblesse, diriger l'incertitude, contrebalancer les exemples puissans, recruter les vanités même au service de la morale publique, et créer une foule de succursales au temple de la mode, auxiliaire de l'opinion.

Jusqu'à présent, loin d'avoir dépassé les limites tracées par la loi du pays, je suis resté bien en deçà. Si mon influence personnnelle a quelque étendue, grâce à ma position sociale et à l'estime de mes compatriotes, il est des actes permis à tout Français, dont je me suis abstenu. N'ai-je pas, à ce titre, le droit de pétition, l'usage de la presse ? Si je ne puis haranguer le sénat, m'est-il interdit de lui adresser une requête ? Si je ne puis parler à mes concitoyens du haut de la tribune, m'est-il défendu de leur écrire ? Je veux, je dois être avare sans doute de pareils moyens ; mais il est des circonstances d'une telle gravité que le devoir fait taire les petites convenances. La violation manifeste et littérale du pacte fondamental est toujours une de ces circonstances. C'est alors ma cause que je plaide autant que la cause générale. L'inégalité du double vote, l'usurpation septennale, le rappel clandestin mais notoire des jésuites, sont des secousses trop violentes données à la loi du pays, à ses mœurs, à ses intérêts, et retentissent trop profondément jusqu'aux marches du trône où je suis assis, pour que mon inquiétude n'éclate pas d'une manière publique. En songeant que les corrupteurs de la France, les fléaux de son indépendance, de ses lumières, de sa liberté, furent les assassins de Henri IV, je me rappelle que je suis son petit-fils, et je le fais voir.

J'ai déjà interrompu mon roman pour un paragraphe historique qui s'y encadrait à merveille ; je le termine cette fois, attendant, Monseigneur, si vous voudrez d'un rêveur d'utopie pour votre futur historien. Mais, observera peut-être Votre Altesse, vous vous proposiez de parler sur la crise actuelle. Eh ! qu'ai-je fait autre chose ? Cette crise ne date pas d'aujourd'hui ; c'est une scène du même drame. Si vous aviez été le personnage réel du rôle que j'ai joué avec plus de hardiesse que de talent, l'intrigue n'eût point pris ce caractère ; vous seriez intervenu avant que Tartufe se fût impatronisé dans la maison ; ou du moins, à l'heure qu'il est, vous seriez prêt pour le dénouement ; vous nous donneriez un coup de main pour chasser le pauvre homme et r'avoir la cassette. Vous pouvez encore, il est vrai, vous jeter aux pieds du roi. Quelle supplique à lui présenter ! que de révélations à lui faire ! Quel instant que celui d'une crise compliquée par une opiniâtreté si fatale, et qui peut encore avoir une issue paisible, mais que la dissimulation ou des palliatifs ne prolongeront que pour courir la chance des remèdes violens ! Sire, les circonstances sont graves. Les soldats ont tiré sur les citoyens, et la police s'en vante ; c'est pour cela même que les circonstances sont très-graves ; mais l'heureux mécanisme du gouvernement constitutionnel offre à Votre Majesté une ressource que ses ministres seuls et leur congrégation peuvent désapprouver. Sire, ne soyez pas sourd à nos prières, un mot de votre bouche, un seul..... Mais, Dieu me pardonne, je me surprends, à votre place, débitant, à genoux, une tirade tragique : ceci passe les bornes ; je ne me sens pas du tout fait pour chausser le cothurne, et Gros-Jean reprend ses sabots ; il abdique décidément l'altesse, et, pour ne pas perdre ses habitudes de conseiller, il vous engage à en faire autant, et à échanger vos armoiries ducales contre la couronne civique. Allons, Prince, un peu de courage : il reste dans notre monarchie une belle place à prendre, la place qu'occuperait La Fayette dans une république, celle de premier citoyen de France ; votre principauté n'est qu'un chétif canonicat auprès de cette royauté morale. Peut-être vaut-elle mieux encore que la lieutenance générale qu'un grand écrivain, devenu ministre depuis, proposait, dit-on, de vous offrir comme moyen de salut, avant les cent jours. Ma proposition est plus simple, du moins, puisqu'elle n'a pas besoin de l'agrément des ministres, mais seulement du vôtre et de l'assentiment public. Pour l'obtenir, rêvez à votre tour que vous avez fait ce que je viens d'écrire, agissez tout comme. Notre imagination athénienne se chargera des précédens ; elle fera grâce des épreuves maçonniques au nouveau frère, et la loge le nommera tout d'abord son vénérable. Avec ce bon peuple, il est temps jusqu'au dernier jour ; mais hâtez-vous. Voyez, il a pris les devants tout seul, faute d'un instituteur. Son éducation s'est faite au rebours des éducations ordinaires ; il a profité des mauvais exemples, comme ces fils de meilleur naturel que leurs parens qui ont tant à rougir des défauts de ceux-ci qu'ils adoptent les vertus contraires. C'est Tom-Jones à l'école de Blifil. Mais avec ses heureuses qualités et ses progrès sensibles, le peuple français est toujours un grand enfant qui ne demande pas mieux que d'avoir un tuteur. Soyez-le, pour qu'il ne tombe pas en de méchantes mains. Vous me direz : Il a des députés de son choix. Il est bien vrai qu'il en a autant que ses lisières qu'on appelle cens électoral, grand collége, âge législatif, sans compter maints tours de force et d'adresse, lui ont permis de marcher et de choisir ; mais une députation et une pairie de majorités divergentes forment une législature boiteuse ; et quand elles s'avanceraient d'accord, sans un peu d'initiative elles n'iront pas loin. Vous dirai-je tout ? Bon nombre de ces guides de la nation ne demanderaient pas mieux que d'être guidés eux-mêmes, et les tuteurs se mettraient volontiers en tutelle. C'est une terrible chose que d'avoir traversé la révolution et l'empire et douze années de restauration. On s'est plié à tant de circonstances, qu'il reste, en dépit qu'on en ait, une faculté de souplesse qu'on se dissimule à soi-même sous les beaux noms de prudence, modération, habileté même. J'ai donc peur qu'en l'absence d'un chef visible qui rassure les timides, entraîne les indécis, serve de lien à tous, j'ai peur que le troupeau ne continue à être mené par ses invisibles conducteurs, loups cachés sous la peau de de quelques chiens. Un semblant de concessions, un air de résipiscence, quelques noms de baptême changés, force promesses, peu de ce *tiens qui vaut mieux que deux tu l'auras;* puis l'argument irrésistible : les excès révolutionnaires ; avec cela et quelques cajoleries, on mène où ils ne voudraient pas aller bien des législateurs qui ne sont pas des Fox, et qui ne savent pas comme lui quelle est, si l'on n'y prend garde, la pire des révolutions. Cependant la nation s'endort sur la foi de ses représentans qui veillent ; mais un beau matin les sentinelles sont relevées, et l'ennemi qui dans l'ombre a reformé ses rang, se retrouve maître du champ de bataille, comme il le fut malgré le cinq septembre, malgré la Chambre de 1820, comme il l'est malgré la magistrature, malgré la pairie d'hier; et voilà qu'il faut recommencer de plus belle.

N'avez-vous pas la presse? objecte Votre Altesse, qui ajoute pour railler : Et les écrivains comme vous ne suffisent-ils pas, pour avertir et sonner l'alarme? Grand merci, Monseigneur; mais la presse est un flambeau qui ne luit qu'en plein jour, et il dépend des ministres de ramener la nuit. Et quant à nous écrivains, vieux amis de la liberté, pour payer votre politesse par de la franchise, notre crédit est peu de chose. Il s'est usé à répéter ce qui est trop vrai; et en disant d'avance ce que tout le monde a dit plus tard, nous avons perdu l'à-propos. Le peuple, dit-on, ne saurait être trop catéchisé; il se peut : mais le peuple aujourd'hui n'entend que par l'oreille d'une certaine classe qui se fatigue des mêmes sons, et à laquelle il faut souvent de la musique nouvelle ou des compositeurs nouveaux. Auprès de ces auditeurs blasés, si vous saviez combien on a de peine à dissimuler ce que le simple patriotisme a de rusticité! de combien d'agrémens il faut entourer ce motif vulgaire! Le courage militaire a le privilége d'être toujours bien reçu; mais le courage civil n'ayant aucun droit aux épaulettes, a besoin de quelque autre ajustement pour être de mise dans le monde; s'il va jusqu'au dévouement, l'exigence redouble; il n'est présentable que sous des formes polies, ingénieuses, piquantes. Avec un nom, un rang, de la naissance, on s'épargne beaucoup de frais; mais si c'est un homme de peu qui se dévoue, que la victime se pare elle-même de fleurs! que l'esprit et la gentillesse la sauvent du ridicule ou du dédain! Il est encore pour la liberté un autre moyen de plaire et de se rajeunir, c'est de parler par la bouche de ceux qui ont tenu long-temps un langage opposé.

Que le ciel lui envoie souvent des saint Paul pour interprètes et pour apôtres! Mais l'habit le plus à la mode qu'elle puisse revêtir, son habit de conquête est celui qu'elle emprunte à ce qu'on appelle une position élevée. Rien ne résiste au patriotisme généreux qui a une grande illustration nobiliaire, une place éminente, une immense fortune; triple condition que réunit Votre Altesse. Avec cela elle n'a qu'à se baisser pour prendre le joyau qui est là par terre, que plusieurs se disputent, et qu'aucun ne peut ramasser, faute d'avoir ce que vous avez par la grâce de Dieu. Ce joyau, c'est la gloire de donner à l'opposition un prince pour chef, gloire toute neuve en France, et déjà si commune en Angleterre que ce n'est plus qu'un honneur. Aussi dans cette terre classique des mœurs constitutionnelles ne faudrait-il pas tant de façons pour dire une chose aussi simple, encore moins pour la faire. Là un prince qui verrait l'état en péril ne se résignerait point à se croiser les bras. Afin que le char si mal conduit ne verse pas, nous avons fait de notre côté tous nos efforts; essayez du vôtre, et saisissons ensemble la roue sur le penchant du précipice. Les chevaux vicieux qui le traînent ne sont plus sensibles à nos coups de fouet; prêtez-nous le secours d'un aiguillon plus puissant. Pour parler sans métaphore, dans cette crise extrême joignez enfin votre voix à la voix publique; ou bien, pour employer une parabole qui participe de l'évangile et de l'histoire : au milieu de cette ville dans laquelle les ligueurs nous tiennent bloqués et qu'ils condamnent à une si pénible disette de vertus et de liberté, que le descendant de Henri IV jette le pain de la parole constitutionnelle, qu'il le jette par-dessus les murailles qui le séparent d'un peuple affamé de voir le vainqueur de la ligue.

Quelques paroles, en effet, Monseigneur, quelques paroles de Votre Altesse, au point où nous en sommes et avec nos goûts aristocratiques, seraient plus efficaces que tous nos écrits. Que moi vilain, par exemple, je veuille adresser des remontrances aux ministres, à l'instant s'amassent sous ma plume toutes leurs iniquités ; elles soulèvent mon indignation, et il m'échappe entre les dents un *misérables !*...... que j'ai mille peines à traduire en style un peu littéraire, et qui n'en est pas moins le fond de mon discours. Qu'est-ce que cela fait au public ? Rien. Il en pense plus que je n'en dis. Qu'est-ce que cela fait aux ministres ? Rien. Ils savent bien ce qu'ils sont, et ne s'inquiètent guère qu'un pauvre citoyen de plus le leur dise. Mais qu'un prince soit l'organe des mêmes sentimens, quelle différence pour les ministres et pour le public ! comme celui-ci reprend courage ! comme ceux-là perdent contenance ! Les gros mots ne sont point nécessaires ; les petits mots bien polis sont beaucoup plus acérés. A sa grandeur M. de Peyronnet, vous demandez des nouvelles de sa candidature. Auprès de M. de Villèle, vous vous informez du motif pour lequel son fils a quitté la magistrature. M. de Corbière avait un fils aussi dont il aime sans doute à entendre l'éloge. Les deux discours de M. d'Hermopolis sur la compagnie de Jésus sont encore célèbres : on attend le troisième avec impatience. M. le directeur des postes serait-il assez peu complaisant pour refuser de vous divertir par le récit de quelques-unes de ces anecdotes secrètes dont sa mémoire doit s'enrichir chaque jour ? MM. les ministres de la guerre et de la marine ne sont pas tellement discrets sur les affaires de leur département qu'il ne résulte de leur conversation un parallèle curieux entre l'alliance qui a décidé l'invasion de l'Espagne et celle qui a déterminé le combat de Navarin. On peut à cette occasion féliciter MM. Franchet et Delavau de l'habileté avec laquelle ils remplacent, par leur police, le comité européen et même l'armée d'occupation. Ils ont l'art de faire croire à la France, lorsque autour d'elle tout est changé, que sa situation diplomatique est toujours la même, et d'imposer à son indépendance le joug de l'étranger, comme un tuteur intéressé continue à gouverner son pupille, qui ne songe pas que le temps l'a émancipé. Certes, voilà un compliment qui doit faire sourire la politique italienne de ces hommes d'état, et que ne gâte point le stratagème du 20 novembre. Ici le cercle parcouru recommence ; la police de MM. Franchet et Delavau touche à la justice de M. Peyronnet ; celle-ci aux finances de M. de Villèle, qui donne la main à M. de Corbières, et ce dernier à M. Frayssinous, et la carrière de chacun d'eux offre un sujet inépuisable de questions ingénues, et d'allusions dont le commentaire peut être abandonné à la sagacité publique.

Que si ces petits mots étaient suivis de petits actes, le drame constitutionnel marcherait vite à un heureux dénoûment. Ah! Monseigneur, une apostille de votre main au bas d'une pétition en faveur du retour de la Charte ferait des miracles. Une note autographe d'un prince du sang, lithographiée en tête du nouveau manifeste de M. de Montlosier, servirait de texte aux plus éloquentes péroraisons de la tribune gallicane. A l'aspect de ces caractères magiques, le centre lui-même déserterait vers la gauche, le banc ministériel s'ébranlerait, et ces ennemis qu'on redoute, et qui ne sont en effet que les amis de la fortune ; changeant de poste sans changer d'attitude, laisseraient la puissance déchue défendre ses prétentions dans son camp solitaire : bientôt même ils vous importuneraient de leurs obsessions serviles, et il faudrait, comme Pierre-le-Grand, publier un édit pour leur défendre de s'agenouiller sur votre passage.

S'il vous semble extraordinaire, il ne me paraît pas moins singulier que je vous adresse une pareille épître. Ce n'est pas à la porte des grands que j'ai coutume de frapper. Mais j'ai reconnu l'état des choses au-dedans et au-dehors ; j'ai vu mon siècle et la France, leurs idées, leurs habitudes ; j'ai tâté pour ainsi dire leur tempérament, après trente années de fièvre, et je me suis décidé à mendier pour le pays les secours d'un prince. Ce n'est pas que les plus pauvres nations ne sachent à la longue se faire à elles-mêmes l'aumône d'un peu de liberté. Je suis plein de confiance dans l'avenir ; je crois fermement aux forces progressives selon le baron Charles Dupin, et même un peu aux progrès de l'esprit humain, selon Condorcet : mais j'ai moins de patience que de foi ; je cesse d'être jeune, et tous ceux qui ont mon âge voudraient bien ne pas trop ressembler à Siméon, et voir le rédempteur qui nous sauvera de l'enfer ultramontain quelques années avant de mourir. Et pourtant sans un peu d'aide, lorsque les forces de la France nouvelle seront à leur point de maturité, les nôtres seront engourdies par la vieillesse ; et la génération moyenne serait bien aise de goûter les fruits de la terre promise. Si ce n'est Moïse que ce soit Josué qui nous y mène, et passons le Jourdain : tel est l'objet de ma requête. Si elle n'est pas entendue, je doute que quelqu'un de nos neveux ait, comme moi, la fantaisie d'écrire à un duc : en ce cas du moins, il n'aura que l'embarras de choisir son correspondant. Il en est jusqu'à trois que je puis nommer. Tandis que nous déclinons, le duc de Bordeaux, le duc de Chartres et même le duc de Reichstadt grandissent. Voilà peut-être les élémens d'une triple alliance dont il faut espérer que les jésuites ne rédigeront pas les articles. C'est à merveille ; je sais que le temps amène bien des choses ; mais encore une fois, il emmène bien des personnes ; je sais qu'enfin l'arbre porte son fruit ; mais ce fruit peut être plus ou moins hâtif suivant la saison, la terre et le jardinier. Tenez, Monseigneur, pour en finir, une dernière parabole : je compare le principe, le germe de liberté qui subsiste chez nous, qui se développe au milieu des entraves qu'une heureuse influence brisera tôt ou tard, je le compare à une chrysalide d'où le captif s'élancera un jour vif et brillant : mais ce jour quand arrivera-t-il ? Cela dépend des circonstances qui placent la chrysalide plus près ou plus loin de l'action du soleil. Ainsi la liberté attend le rayon qui doit la faire éclore de sa prison passagère ; et nous que fatigue une longue attente, nous appelons de tous nos vœux quelque astre favorable qui hâte son essor.

De la campagne, décembre 1827.

www.ingramcontent.com/pod-product-compliance
Lightning Source LLC
Chambersburg PA
CBHW060711050426
42451CB00010B/1383